À tous les Francophones de par le monde...

For all French speakers all over the world...

Né amé o kpata ké yé o do na fransé gbé lé hihé blibo a mé...

les perles togolaises et d'ailleurs
III

TOUS DROITS DE TRADUCTION ET DE REPRODUCTION RESERVÉS POUR TOUS PAYS

ALL RIGHTS OF TRANSLATION AND REPRODTION
FOR ALL COUNTRIES RESERVED

Mi doé bé édou dé kpé-kpé té ta homa ya lé ésé ké lé a mé

LES ÉDITIONS BLEUES

ISBN : 2-913771-04-1

(Agence francophone pour la numérotation internationale du livre)

Printed by CreateSpace, An Amazon.com Company

ISBN 10: 2913771149
ISBN 13: 978-2913771147

Table des matières
Table of contents
Égna tio bé hinhlin

Avant-propos................................... Page 5
Foreword.......................................Page 6
Égnan gban to a..............................Page 7
1. Agban na mou lé o!........................Page 9
   Pas de crédit!................................Page 11
   Cash only!....................................Page 13
2. Novi kpo to o a gbo!.......................Page 15
   Mêlez-vous de vos oignons!............Page 17
   Mind your own business!................Page 19
3. Mou éga yé wo na novi o!...............Page 23
   Fraternité n'est point synonyme
   d'argent!......................................Page 25
   Brotherhood isn't synonym
   of wealth!....................................Page 27
4. Havi lonlon éyé gni agbé a!.............Page 29
   Fraterniser pour mieux vivre!...........Page 31
   Brotherhood means better living!.....Page 33
5. Mi sé émé bé mawou lonlon an
   éyé gné sitou mavo a!....................Page 35
   Comprenons que dans l'amour
   de Dieu réside la Grâce..................Page 37
   In the love of God lies the Grace....Page 39
6. Ékinto gné o, mi tété yi!..................Page 41
   Allez-vous en, ennémis!..................Page 43
   Go away, enemies!........................Page 45

7. Mou bé gné ma kou gbédé o!........Page 47
   Je dis que je ne mourrai jamais!....Page 49
   I say that I'll never die!...................Page 51
8. Mou bé gné mou djé ago o!...........Page 53
   Je dis que je n'ai pas mal agi!........Page 57
   I say that I'm not wrong!.................Page 61
9. Djipo dola kpotêa...........................Page 65
   Le dernier Ange............................ Page 67
   The final Angel..............................Page 69
10. Égnao bliblo a...............................Page 71
    Toute la vérité...............................Page 72
    All the truth...................................Page 73

Avant-propos

La langue maternelle de l'auteur de la Poésie fonctionnelle, nommée "Gen" ou communément "Mina", est reconnue comme la langue vernaculaire parlée par l'ensemble de la population du Togo. Mais hélas, l'occasion providentielle ainsi donnée pour proclamer ladite langue officielle, n'-
est jamais saisie. Cette nouvelle tentative d'honorer le "Gen" togolais en l'écrivant, demeure une contribution à l'émergence d'une culture afri-caine universelle.

Chicago, le 30 décembre 2011

Foreword

Functional Poetry Writer's mother language, named "Gen" or commonly "Mina", is found as vernacular language spoken by the whole
Togolese population. But this providential opportunity to proclaim this language official isn't never seized.This new attempt to honor "Togolese Gen" by writing it, remains a contribution to an universal african culture's emergence.

                              Chicago,december 30th, 2011

Egna gban to a

Dji-dji mé gbé ké yé Poésie fonctionnelle hlonla é do na, ké yé o yo na bé "Gen-gbé" alo kaba-kaba "Mina", amé dé kpé-kpé tchan'in si gbé vernaculaire égbé gban to a lé Togo blibo a mé. Vo a, o mou djo so égbé oan so wo Togo official égbé gbédé-gbédé o. Énou tin-kpo yéyé ké yé gni fifi bé "Gen-gbé" hon-hlon ya, é lé gni agba-gba djédjé tohê a dé lé Africa universel bé émé koko a mé.

Chicago, nkéké égban lé décemba bé wouétri a mé, 2011

Agban na mou lé o!

Mou sogbé bé agbéto la nodji von'in na novi a o.

Mou sogbé bé agbéto la nodji ékou na novi a o.

Mou sogbé bé agbéto la no wo énou kliklo kliko lé hihé a mé o.

Mou sogbé bé agbéto la no blé novi a o.

Mou sogbé bé agbéto la no fi'n novi a o.

Mou sogbé bé agbéto la no gblon égna podi podi so novi a n'ti o.

Mou sogbé bé agbéto la no dji égna né novi a o.

Élé abé na, énou dé kpékpé bé fi'ntou lé.

Élé abé na, agban na mou lé Mawou bé adjo a mé o.

Élé abé na, gna o toto éyé non na koudo Mawou.

Élé abé na, vivi dodo amé havi n'ti éyé wo na novi.

Élé abé na, énou gon mé séssé né amé novi éyé wo na déka wo wo.

Élé abé na, dji dodo dé Mawou n'ti éyé gni boboê gnigni lé hihé blibo a mé.

Élé abé na, hossé do Mawou dji éyé gné amé havi lonlon.

Poèm lé parabol gnati mé
Lomé, nkéké amé woé ton lé
décembre bé wrétri a mé, 1989

Pas de crédit!

Il n'est point normal de vouloir du mal à son prochain.

Il n'est point normal de vouloir la mort de son semblable.

Il n'est point normal d'aimer faire le mal.

Il n'est point normal de mentir.

Il n'est point normal de voler.

Il n'est point normal de dénigrer son prochain.

Il n'est point normal de se quereller avec son prochain.

Puisque chaque fait a ses conséquences.

Puisque les affaires divines n'admettent pas de crédit.

Puisque Dieu ne tolère pas les mensonges.

Puisque fraterniser consiste à plaire à son prochain.

Puisque se comprendre mutuellement contribue à vivre en harmonie.

Puisque l'espérance en Dieu est synonyme de modestie.

Puisque croire en Dieu consiste à aimer son prochain.

Un poème à vers paraboliques
Lomé, le 13 décembre, 1989

Cash only!

It isn't right to hurt a fellow man.

It isn't right to to want a fellow man to die.

It isn't right to like to do bad things.

It isn't right to lie.

It isn't right to rob.

It isn't right to denigrate a fellow man.

It isn't right to quarrel with a fellow man.

Since any act has its consequences.

Since divine businesses do not allow credit.

Since God do not tolerate lies.

Since brotherhood means getting on well together.

Since understanding one another contributes towards living in harmony.

Since hope in God is synonym of modesty.

Since believing in God consists of loving a fellow man.

A poem in parabolic verses
Lomé, December 13, 1989

Novi kpo to o a gbo!

Novi gné o, mi'n gba hossé bé Mawou n'sin kpata to a évé na nou von wo la o nou o.

Novi gné o, mi'n gba hossé bé Mawou n'sin kpata to a é kou na n'zi'n-n'zi'n né énou fiti fiti wo to o.

Novi gné o, mi'n gba hossé bé Mawou n'sin kpata to a é so na kodjo gonglon o.

Novi gné o, mi'n gba hossé bé Mawou n'sin kpata to a amé fafa dé bé gni o.

Novi gné o, mi'n gba hossé bé Mawou n'sin kpata to a édjé ago lé amé dé dji kpo o.

Novi gné o, mi'n gba hossé bé Mawou n'sin kpata to a é wo énou von'in dé kpo o.

Novi gné o, mi'n gba hossé bé Mawou n'sin kpata to a é wou agbéto kpo o.

Novi gné o, mi'n gba hossé bé Mawou n'sin kpata to a é da na ékon o.

Novi gné o, mi'n gba hossé bé Mawou n'sin kpata to a é wo na adjré o.

Novi gné o, mi'n gba hossé bé Mawou n'sin kpata to a é wo na édran o.

É'n tia, mi no hin adodo lé hihé a mé.

É'n tia, mi no djé blê ou lé hihé a mé.

É'n tia, mi no non djo-djoê lé hihé a mé.

É'n tia, mi no vé mia novi nou.

É'n tia, mi nodji la non sé mia novi bé gon mé.

É'n tia, mi no djé agbagba bé mia non wo amé.

É'n tia, mi'm gba bia n'ku do mia novi n'ti o.

É'n tia, mi lé bé na énou gnan-gnan koudo djéssido ké yé Mawou so na mi a n'ti kpo.

É'n tia, mi lé bé né mia non-non o.

É'n tia, mi lon mia non-non o.

Poèm lé parabol gnati mé
Lomé, nkéké amé woé adin lé
décembre bé wrétri a mé, 1989

Mêlez-vous de vos oignons!

Mes frères et sœurs, ne croyez pas que Dieu le Tout-Puissant accepte le péché.

Mes frères et sœurs, ne croyez pas que Dieu le Tout-Puissant a pitié des malfaiteurs.

Mes frères et sœurs, ne croyez pas que Dieu le Tout-Puissant rend mal la justice.

Mes frères et sœurs, ne croyez pas que Dieu le Tout-Puissant est quelqu'un de faible.

Mes frères et sœurs, ne croyez pas que Dieu le Tout-Puissant a jamais péché contre quelqu'un.

Mes frères et sœurs, ne croyez pas que Dieu le Tout-Puissant ait jamais mal agi.

Mes frères et sœurs, ne croyez pas que Dieu le Tout-Puissant ait jamais tué personne.

Mes frères et sœurs, ne croyez pas que Dieu le Tout-uissant aime se bagarrer.

Mes frères et sœurs, ne croyez pas que Dieu le Tout-Puissant aime se quereller.

Mes frères et sœurs, ne croyez pas que Dieu le Tout-Puissant est une crapule.

Aussi, prenez patience dans la vie.

Aussi, soyez prudents dans la vie.

Aussi, soyez justes dans la vie.

Aussi, soyez complaisants envers autrui.

Aussi, cherchez tout le temps à comprendre au-trui.

Aussi, cherchez tout le temps à être bienveillants envers autui.

Aussi, n'enviez jamais vos semblables.

Aussi, prenez soin de l'intelligence et du savoir dont Dieu vous a dotés.

Aussi, accordez-vous mutuellement grâce.

Aussi, aimez-vous les uns les autres.

Un poème à vers paraboliques
Lomé, le 16 décembre, 1989

Mind your own business!

My brothers and sister, never believe that God the Almighty accepts the sinner.

My brothers and sister, never believe that God the Almighty has pity on criminals.

My brothers and sister, never believe that God the Almighty dispenses wrong justice.

My brothers and sister, never believe that God the Almighty is a weak person.

My brothers and sister, never believe that God the Almighty ever commits a crime.

My brothers and sister, never believe that God the Almighty has ever do wrong things.

My brothers and sister, never believe that God the Almighty has ever killed somebody.

My brothers and sister, never believe that God the Almighty likes to fight.

My brothers and sister, never believe that God the Almighty likes to quarrel.

My brothers and sister, never believe that God the Almighty is a scum.

So, be patient in your life.

So, be careful in your life.

So, be fair in your life.

So, be obliging in your life.

So, be understanding for other people.

So, show kindness for others.

So, do not be envious.

So, do care only for intelligence and knowledges given to you by God.

So, do give for each other mercy.

So, do love each other.

A poem in parabolic verses
Lomé, December 16, 1989

Mou éga yé wo na novi o!

Novi gné o, mou éga yé wo na novi o.

Novi gné o, éga gné noudé ké gblé na novi domé ga sia ga mé.

Novi gné o, éga gné boussou dé ké do na voklan amé domé ga sia ga mé.

Novi gné o, éga gné ahovi dé ké yé wou na novi lonlon.

Novi gné o, éga gné Satana bé gbon-gbon ké yé gblé na agbéto koudo Mawou domé.

É'n tia, mi'm gba do lonlon né éga o.

É'n tia, mi'm gba hossé bé éga dji-dji ga sia ga mé so wou adam do-do a é gné énou gno'in dé o.

É'n tia, mi'm gba bou i bé Mawou so yra-yra dé né éga o.

É'n tia, mi'm gba soê klo a o bé sitou to hê dé no na amé kéyé lon na éga wou agbéto a dji o.

É'n tia, mi'm gba tchi dji do éga n'ti lé hihé a mé o.

Poèm lé parabol gnati mé
Lomé, nkéké amé adrin lé
décembre bé wrétri a mé, 1989

Fraternité n'est point synonyme de richesse!

Chers frères et sœurs, la fraternité n'est point synonyme de fraternité.

Chers frères et sœurs, l'argent demeure une chose qui détruit la fraternité en tout temps.

Chers frères et sœurs, l'argent reste une malédiction qui brise la fraternité tout le temps.

Chers frères et sœurs, l'argent constitue un dia-ble qui tue l'amour du prochain.

Chers frères et sœurs, l'argent est l'esprit du mal qui abolit le lien entre L'humanité et Dieu.

Par conséquent, ne vouez point d'affection pour l'argent.

Par conséquent, ne croyez point que la recher-che effrénée de l'argent au détriment de la quête du savoir, est une bonne chose.

Par conséquent, n'imaginez point que Dieu accorde une quelconque grâce à l'argent.

Par conséquent, ne pensez point qu'une quelconque bénédiction pourrait être accordée à l'ê- tre humain qui préfère l'argent à l'amour du pro-chain.

Par conséquent, ne soyez pas impatient face à votre enrichissement.

Un poème à vers paraboliques
Lomé, le 17 décembre, 1989

Brotherhood isn't synonym of wealth!

Brothers and sisters, brotherhood isn't synonym of weath.

Brothers and sisters, money is something that destroys brotherhood all the time.

Brothers and sisters, money means a curse that divides community all the time.

Brothers and sisters, money is a devil which kills fellow man's love.

Brothers and sisters, money consists in diabolical mind which abolishes the relationship between Humanity and God.

Therefore, do not love money.

Therefore, unbridled money's seeking to the detriment of learning, isn't a good thing.

Therefore, do not believe that God bless money any way.

consequently, do not mind that any blessing could ever be granted to someone who prefers money to a fellow man.

consequently, be patient in wealth's seeking.

A poem in parabolic verses
Lomé, December 17, 1989

Novi lonlon é yé gni agbé a!

Mi sé émé bé novi lonlon é yé gni agbé a.

Mi sé émé bé gno'in wo wo na amé novi é yé gné sitou blibo a.

Mi sé émé bé vivi dodo amé novi n'ti é gné djidjo ma vo a dé.

Mi sé émé bé vévé séssé do amé nou é yé gni Mawou bé yrayra gban to a.

Mi sé émé bé déka wo wo lé agbé a mé é yé gni Mawou bé sitou évé gbon an.

Mi sé émé bé dokoui bobo né amé novi é yé gné Mawou bé sitou éton gbon an.

Mi sé émé bé gna wo to-to né amé novi é yé gné gbéda dodo na Mawou.

É'ntia, mi wlo'in da dê si gbé homa yrayra dé nénin.

É'ntia, mi non wo do dji si gbé Mawou bé gna vévé dé né-né.

É'ntia, mi gbé von'in wo-wo do Mawou bé gniko mé.

É'ntia, mi gbé ékou gnran-gnran do mia novi n'ti.

É'ntia, mi tchri voklan do do mia non-non mé.

É'ntia, mi hin do né mia non-non o.

É'ntia, mi lé bé né mia non-non o.

Poèm lé parabol gnati mé
Lomé, nkéké amé adrin lé
décembre bé wrétri a mé, 1989

Fraterniser pour mieux vivre!

Comprenons que dans l'amour du prochain rési-de la vie.

Comprenons que c'est dans l'act de faire le bien envers autui que réside la grâce.

Comprenons que dans l'acte de faire plaisir à autui réside le bonheur pour soi-même.

Comprenons que dans l'acte de compatir avec autrui réside la première grâce de Dieu.

Comprenons que dans l'union réside la deuxième bénédiction divine.

Comprenons que dans la modestie réside la troisième bénédiction divine.

Comprenons que dans la véridicité résde la priè-re à Dieu.

Par conséquent, écrivez le en tant qu' un livre sacré.

Par conséquent, suivez ces instructions en tant que des recommandations divines.

Par conséquent, refusez de mal agir au nom de Dieu.

Par conséquent, refusez de mal agir contre autui.

Par conséquent, refusez la désunion entre frères et sœurs.

Par conséquent, rechercher en permanence l'union fraternelle.

Par conséquent, prenez soin de vous mutuellement.

Un poème à vers paraboliques
Lomé, le 27 décembre 1985

Brotherhood means better living!

Understand that brotherhood means better living.

Understand that all of the blessings lies in doing good for people.

Understand that in kindness towards people lies an endless joy.

Understand that the first blessing is in sympathizing with people.

Understand that the second blessing remains in the unity of humanity.

Understand that the third God's blessing is modesty

Therefore, write down these statements as a holly book.

Therefore, follow these instructions as God's recommendations.

Therefore, do not do wrong in the name of God.

Therefore, do not behave wrong against people.

Therefore, avoid dissension between brothers and sisters.

Therefore, protect each other.

Therefore, take care of each other.

A poem in parabolic verses
Lomé, December 27, 1989

Mi sé émé bé Mawou lolon an é yé gné sitou ma vo a!

Agbé to ké yé lon'm koudo édji blibo a ma té'm akou gbédé o.

Agbé to ké yé bou'm bé Mawou N'sin Kpata to a é lé apé sitou mawo a mé.

Agbé to ké yé hossé go-goé dé bé égna kpata ké yé mou gblon'a é yé gné gna-wo blibo a, é lé apé yrayra mé.

Agbé to ké yé so ê do édokoé dji bé ma té'm a na yé agbé ma vo a, é lé apé kékéli ma vo a mé.

Agbé to ké yé dodji do é'nti gné bé égné é yé la na yé n'ti fafa ma vo a, ma dou aya gbédé léhihé a mé o.

Agbé to ké yé lé sin'm si gbé Mawou To ho no ké yé mou gni né né a, é tro Mawou-dola vo.

Agbé to ké yé tcha na valou'm têgbê bé ma na énou ké yé élé dji a ba va é mé ko-ko a, é la no sé vivi né hihé a.

Agbé to ké yé té na kpo ga sia ga mé bé yé a non-non apé yra-yra mé a, é la non agbé fafa to hê dé mé.

Agbé to ké yé té na kpo ga sia ga mé bé yé mou ga da lé édji gné o a, é la non agbé vivi a dé mé.

Agbé to ké yé té na kpo ga sia ga mé bé yé a non do djidjo ê na ma, é la non lonlon bé agbé né mé.

Poèm lé parabol gnati mé
Lomé, nkéké éoui vo assi dékê lé
décembre bé wrétri a mé, 1989

Comprenons que dans l'amour de Dieu réside la grâce

L'être humain qui m'aime de tout son cœur, ne mourra jamais.

L'être humain qui me considère comme Dieu le Tout-Puissant en personne, demeure comblé de ma grâce.

L'être humain qui reconnaît que tout ce que j'établis par écrit réflecte la pure vérité, demeure comblé de ma bénédiction.

L'être humain qui pense que je peux lui octroyer personnellement la vie éternelle, demeure comblé de ma lumière céleste.

L'être humain qui croit que je suis sa rédemption, ne souffrira plus dans son existence.

L'être humain qui me vénère comme Dieu le Tout-Puissant que j'incarne, devient automatiquement un ange du Ciel.

L'être humain qui m' adresse ses louanges quotidiennes afin que j'accomplisse divinement ses vœux, aura la joie de vivre éternelle.

L'être humain qui recherche incessamment à vivre en harmonie avec ma parabole, aura le bonheur absolu humain promis.

L'être humain qui cherche continuellement à suivre les axiomes de la Poésie fonctionnelle, résidera éternellement au Paradis terrestre.

L'être humain qui cherche à tout instant à me faire plaisir, aura en retour une vie glorieuse.

Un poème à vers paraboliques
Lomé, le 29 décembre 1985

In the love of God lies the grace

Human being who loves me with all one's heart will never die.

Human being who takes me as God the Almighty stays forever in my grace.

Human being who strongly believes that any statement I am writing is true remains in my blessings.

Human being who believes that I can give him or her eternal life, remains in my heavenly light.

Human being who really believes that I am his or her redemption, will never suffer in this world.

Human being who venerates me as God the Almighty whom I am the incarnation, becomes automatically an Angel.

Human being who every day praises me to realize what he or she desires, will trully enjoy the world.

Human being who wants to stays any time in compliance with my thoughts, will lie forever into the absolute happiness promissed.

Human being who always avoid to oppose me, will be forever blessed.

Human being who always wants to pleasure me, will live forever in glory.

A poem in parabolic verses
Lomé, December 27, 1989

Ékinto gné o, mi tété yi!

Ékinto gné o, gné mou djé ago lé mia dji kpo gbédé o.

Ékinto gné o, gné mou dji von'in na mi kpo gbédé o.

Ékinto gné o, gné mou dji ékou na mi kpo gbédé o.

Ékinto gné o, gné mou dji égué lé mia n'ti kpo gbédé o

Ékinto gné o, gné mou gblon égna podi-podi so mia n'ti kpo gbédé o.

Ékinto gné o, gné mou do énou doda mia gbo kpo o.

Ékinto gné o, gné mou djéssi mi o.

Ékinto gné o, gné mou hossé bé mi djéssi'm o.

Ékinto gné o, gné mou hossé bé mi a bé von'in dédé na ma é sogbé o.

Ékinto gné o, gné mou hossé bé mi a bé ékou

Ékinto gné o, gné mou

dji-dji na ma é sogbé o.

Ékinto gné o, gné mou hossé bé mi a bé égna bada-bada gblon-gblon so n'ti gné a é sogbé o.

Ékinto gné o, gné mou hossé bé mi a bé afo dédé lé hihé a mé a é sogbé o.

Ékinto gné o, gné mou hossé bé mi a bé énou wo-wo lé hihé a mé a é sogbé o.

Ékinto gné o, mi tété yi!

Poèm lé parabol gnati mé
Lomé, nkéké éoui vo égni lé
décembre bé wrétri a mé, 1989

Allez-vous en, ennemis!

Ennemis, je n'ai jamais péché contre vous.

Ennemis, je n'ai jamais cherché à vous nuire.

Ennemis, je n'ai jamais cherché à vous tuer.

Ennemis, je n'ai jamais cherché à me quereller avec vous.

Ennemis, je n'ai jamais médit contre vous.

Ennemis, je n'ai jamais cherché à vous attaquer verbalement.

Ennemis, je ne vous connais point.

Ennemis, je ne crois pas que vous me connaissez.

Ennemis, je ne crois pas que vos mauvaises intentions envers moi, sont justifiables.

Ennemis, je ne pense pas que vos intentions criminelles envers moi sont justifiées.

Ennemis, je ne crois pas que vos médisanses

envers moi sont justifiables.

Ennemis, je ne crois pas que vos attitudes existentielles, sont justifiées,

Ennemis, je ne pense pas que vos actes envers autui, sont profitables à qui que ce soit.

Ennemis, éloignez-vous de vous.

Un poème à vers répétitifs
Lomé, le 28 décembre 1989

Go away, enemies!

Enemies, I never acted against you.

Enemies, I never attacked you.

Enemies, I never tried to kill you.

Enemies, I never quarelled wiyh you.

Enemies, I never spoke ill of you.

Enemies, I never criticized you.

Enemies, I do not know you.

Enemies, I do not believe that you do know me.

Enemies, I do not think that your bad intentions toward me, are right.

Enemies, I do not mean that your criminal state of mind toward me is justifiable.

Enemies, I do not mean that your slanders about me, are right.

Enemies, I do not think that your attitudes in life

are justifiable.

Enemies, I do not think that your behaviors benefit to any persons.

Enemies, go away!

A poem in parabolic verses
Lomé, December 28, 1989

Mou bé gné ma kou gbédé o!

Mou bé ga mé a la va sou ké yé ékoudjessou a n'to la va kou, so yi ma vo!

Mou bé ga mé a la va-va ké yé agbéto ma ga non lé édo o.

Mou bé ga mé a la va-va ké yé agbéto ma ga non kou togbé koudo gnagan o.

Mou bé ga mé a la va-va ké yé togbé o koudo gnagan o la va tro dékadjê koudo tougbêdjê o.

Mou bé ga mé a la va sou ké yé amé kou-kou o alo louvon o ké'm-ké'm o la gba tro agbéto o né agbé ma vo a.

Mou bé ga mé a la va sou ké yé hihé blibo a la va sé égon mé bé égné gni Mawou Éto N'sin Kpata to a.

Mou bé ga mé a la va sou ké yé agbéto dé kpé-kpé ma ga non sé vévé o.

Mou bé ga mé a la va sou ké yé agbéto o la va

tro Mawou-dola o lé hihé a mé.

Mou bé ga mé a la va sou ké yé Mawou a n'to la kplo hihé blibo a so yi do wétrivi o dji

Mou bé ga mé a la va sou ké yé Mawou a n'to kplé Mwou-dola o kpata wo la to wétrivi o bé dou o tou-tou dji, so yi ma vo.

Poèm lé parabol gnati mé
Lomé, nkéké éoui vo égni lé
décembre bé wrétri a mé, 1989

Je dis que je ne mourrai jamais!

Je dis que l'heure viendra où la mort en personne viendra à décéder pour la vie éternelle.

Je dis que l'heure arrivera où l'être humain ne tombera plus jamais malade.

Je dis que l'heure viendra où l'être humain ne vieillira plus.

Je dis que l'heure arrivera où les vieilles personnes redeviendront jeunes pour l'éternité.

Je dis que l'heure viendra où les morts ou la totalité des âmes renaîtront à la vie pour l'éternité.

Je dis que l'heure arrivera où l'humanité entière reconnaîtra que je suis Dieu le Tout-Puissant en personne.

Je dis que l'heure viendra où nul être humain n'aura plus à souffrir.

Je dis que l'heure arrivera où les êtres humains deviendront les Anges vivant au monde.

Je dis que l' heure viendra où Dieu le Tout-Puissant en personne conduira l'humanité entière à travers les Cieux, à la découverte de la totalité des corps célestes.

Je dis que l' heure arrivera où Dieu le Tout-Puissant en compagnie de tous les Anges, entameront la construction de l'habitat universel éternel.

Un poème à vers paraboliques
Lomé, le 28 décembre, 1989

I say I'll never die!

I say that the time will come when the Death in person will die forever.

I say that the time will arrive when human being will any more fall ill.

I say that the time will come when human being will any more grow old.

I say that the time will arrive when the elderly will become again young men and women forever.

I say that the time will come when dead persons or all of the souls will be incarnated again forever.

I say that the time will arrive when the entire humanity will recognize that I am God the Almighty in flesh.

I say that the time will come when human being will any more suffer again.

I say that the time will arrive when human beings will become Angels living.

I say that the time will come when God himself will drive the whole humanity through the Space-Time to discovering its stars and planets.

I say that the time will arrive when God and all of his Angels will start the construction of the eternal Space -Time House.

A poem in parabolic verses
Lomé, December 28, 1989

Mou bé gné mou djé ago o!

Égna gan dé lé ké yé agbéto o kpata o la sé égon mé gnon'in dé.

Égna é lé gni bé si gbé agbéto néné a, mou do Lucifa bé ba wo do apé essé o nou, so yi ma vo.

Égna é lé gni bé Lucifa ké yé va tro gbon-gbon von'in koudo ékoudjessou lé hihé a mé, é va to Mawou tchri-tchri do a é dji bé yé a tro éfio lé Mawou bé tépé

Égna é lé gni bé Lucifa va so édokoé so savo so wo gbon-gbon von'in koudo ékoudjessou vifin o édoukon blibo déka.

Égna é lé gni bé Lucifa va so ê so do édokoé dji bé agbéto o ké yé mou va do a, o ma no agbé ma vo si gbé a lé mou dji do néné o.

Égna é lé gni bé Lucifa va do yé bé gbon-gbon von'in koudo ékoudjessou doukon blibo a do agbéto o n'ti so yi ma vo.

Égna é lé gni bé Lucifa va do ahoa koudo énouvon'in wo-wo do amé novi n'ti né agbéto o.

Égna é lé gni bé Lucifa va so ê so do édokoé dji bé yé la wou'm.

Égna é lé gni bé Lucifa mou kpo lé gna bé apé ahonhon ké yé mé bé lé ga po po ya mé a yé lé gni yé bé yodo kpotê a o.

Égna é lé gni bé Lucifa mou kpo lé sé émé bé yé bé gbon-gbon von'in koudo ékoudjessou doukon blibo ké oué lé agbéto o bé ahonhon mé a koudo aya mé a, o la kpassa yédo so yi éyo kpotê a mé o!

Poèm lé parabol gnati mé
Lomé, nkéké égban lé
décembre bé wrétri a mé, 1989

Je dis que je n'ai pas mal agi!

Il y a une vérité essentielle que toute l'humanité devra comprendre.

La vérité est que, tout comme l'être humain, j'ai créé Lucifer afin qu'il accomplisse ma volonté éternellement.

La vérité est que, Lucifer qui devint l'Esprit du mal et la Mort en personne, commença à haïr Dieu parce qu'il voulut régner à la place de celui-ci, sur terre et dans les cieux.

La vérité est que Lucifer s'était sacrifié afin de créer toute une communauté de mauvais esprits meurtriers.

La vérité est que Lucifer conçut que l'être humain que j'ai créé immortel, ne doit en aucun cas, vi-vre éternellement, comme il se doit.

La vérité est que Lucifer lança la communauté des mauvais esprits meurtriers contre l'humanité pour l'éternité.

La vérité est que Lucifer mit au point la guerre et les mauvaises actions au sein de l'humanité.

La vérité est que Lucifer résolut de me donner personnellement la mort.

La vérité est que Lucifer ignorait que mon cer-veau qu'il a annexé et où il réside actuellement, demeure son ultime tombeau.

La vérité est que Lucifer ignore que sa communauté de démons qui vit au sein des cerveaux humains et dans le reste de l'Espace-Temps, le suivra dans son ultime décès.

Un poème à vers paraboliques
Lomé, le 30 décembre, 1989

I say that I'm not wrong!

There is a truth that all of the human beings should know.

The truth is that like a human being, I created Lucifer with an initial intention to realize my wishes.

The truth is that Lucifer which became the Devil and Death for human beings, started to hatred God, because he wanted toreign to the detriment of God.

The truth is that Lucifer sacrificed himself for making a whole community of babies devils.

The truth is that Lucifer conceived that the humanity [that I created immortal], will never live forever as I ordered.

The truth is that Lucifer opposed the community of babies devils and the humanity forever.

The truth is that Lucifer forever became the inspiration of wars and bad actions within the humanity.

The truth is that Lucifer decided to kill me.

The truth is that Lucifer was not to know that my brain which he annexed and where he now resided, remains his ultimate tomb.

The truth is that Lucifer did not understood that his entire community of babies devils which is located inside human brains and the rest of the Space-Time, will follow him in his last death.

A poem in parabolic verses
Lomé, December 30, 1989

Djipo dola kpotê a!

Dji dou-dou kpotê ké yé mou hossé a é yé gni apé tro-tro Mawou N'sin Kpata to a lé agbéto o kpata bé n'kou mé.

Dji dou-dou la é yé gni bé énou o kpata ké yé mou hlon so do assi né égbé a, é va émé blibo.

Dji dou-dou la va do, doké n'tia mou dji bé agbéto o no djé si'm azon!

Poèm lé égna déka gnati mé
Lomé, nkéké amé adin lé
avril bé wrétri a mé, 1994

Le dernier Ange!

l'ultime victoire que je pense avoir remportée, réside dans ma métamorphose Dieu le Tout-Puissant en face de l'humanité toute entière.

Ladite victoire est que l'ensemble des révélations que j'ai écrit, s'est révélé exact au jour d'aujourd'hui.

Ladite victoire s'est accomplie puisque je désire que l'humanité entière me connaisse enfin.

Un poème à vers répétitifs
Lomé, le 6 avril, 1994

The final Angel!

My ultimate victory remains that I am incarnated God the Almighty in front of the entire humanity.

The said victory is that all of my writings up until now are revealed true.

This victory is accomplished because I want that all of the human beings know me now.

A poem in repetitive verses
Lomé, April 6, 1994

Égnao blibo a!

Mi non von Mawou Nousin Kpata to a bé ado mé zé a kou do Joseph Moè Messavussu Akué bé égna.

Mi non sé é égon mé bé égnao blibo a yé lé gni bé Joseph Moè Messavussu Akué kou édron lé ézan 7 soyi 8 Novemba bé wétri, 1986 ké yé dé son fi'in bé é yé lé gni Mawou Éto Nousin Kpata to a lé n'tilan mé.

So ézan won'an mé, Joseph Moè Messavussu Akué lé hossé bé égnao blibo a é yé lé gni é on'an so hi ma vo...

Poèm lé égnan din gnati mé
Lomé, nkéké amé évé lé
janvié bé wétri a mé, 2012

Toute la vérité!

Redoutez Dieu le Tout-Puissant et la parabole de Joseph Moè Messavussu Akué.

Comprenez que Joseph Moè Messavussu Akué eut dans la nuit du 7 au 8 novembre 1986 un rê-ve l'identifiant comme Dieu le Tout-Puissant incarné.

À partir de cette nuit-là, Joseph Moè Messavussu Akué admit que toute la vérité réside en cette évidence de rêve...

Un poème à vers manquants
Chicago, le 2 janvier 2012

All the truth!

Fear God the Almighty and the Parable of Joseph Moè Messavussu Akué.

Understand that Joseph Moè Messavussu Akué had a dream in the night of 7 to 8 November 1986 showing him as God the Almighty in flesh.

Since that night Joseph Moè Messavussu Akué considered that this is the truth...

A poem in missing verses
Chicago, January 2nd, 2012

Du même auteur:

. POÈMES POUR L'AFRIQUE ÉTERNELLE
(Tomes 1, 2, 3, 4, et 5)
. POÈMES BLEUS
. BIJOUX DES ÉTATS UNIS D'AMÉRIQUE
(Tomes I & 2)
. LA LOI DU PROFIT NUL
. L'EXPÉRIMENTATION DE LA LOI DU PROFIT NUL
. L'ÉTERNEL COLON
. LA FIN DE L'ESCLAVAGE
. LES PERLES TOGOLAISES ET D'AILLEURS
(Tomes 1& 2)

From the same author:

. POEMS FOR ETERNAL AFRICA
(Volumes 1, 2, 3, 4, and 5)
. GEMS FROM UNITED STATES OF AMERICA
(Volumes I & 2)
. THE LAW OF ZERO PROFIT
. TEST OF THE LAW OF ZERO PROFIT
. THE FINAL SETTLER
. THE END OF SLAVERY
. PERLS FROM TOGO AND ELSEWHERE
(Volumes 1& 2)

So énou hlonla ya:

. POÈMS SO AFRICA MA VO A N'TI
(Homa 1, 2, 3, 4, koudo 5)
. SIKA NOU O SO ÉTATS UNIS D'AMÉRIQUE
(Homa I & 2)
. ALÉ MAKPO BÉ SÉ
. ALÉ MAKPO BÉ SÉ DODO KPO
. COLON MÉMLIN A
. ÉKLOUVI GNIGNI BÉ NOU OUNOU
. DJONOUVI O SO ÉTATS UNIS D'AMÉRIQUE
(Homa I , 2)

Achévé d' imprimé en décembre 2011 par
les ÉDITIONS BLEUES
mmessavussu@gmail.com
moemessavussu@hotmail.com

Dépot légal : Quatrième trimestre 2011
Numéro d'Éditeur ; 2-913-771
IMPRIMÉ AUX ÉTATS UNIS D'AM ÉRIQUE

Utterly printed in January 2010 by
LES ÉDITIONS BLEUES
mmessavussu@gmail.com
moemessavussu@hotmail.com
Copyright registration : 1st quarter 2010
Publisher's Number : 2-913-771
Printed in the United States of
America

homa bé tata é vo lé décemba bé woétri a mé
2011 so "les ÉDITIONS BLEUES" gbo.
mmessavussu@gmail.com
moemessavussu@hotmail.com

Homa so fion Fio ha: Mama mé énin lé 2011 mé.
Énou tata nomba: 2-913-771
O ta homa lé États Unis d'Amérique

www.ingramcontent.com/pod-product-compliance
Lightning Source LLC
LaVergne TN
LVHW010017070426
835512LV00001B/1